SYLLABAIRE

A L'USAGE

DES ÉCOLES

DE LA DOCTRINE CHRÉTIENNE.

(Propriété).

NANCY,

DE LA DOCTRINE CHRÉTIENNE.

1842.

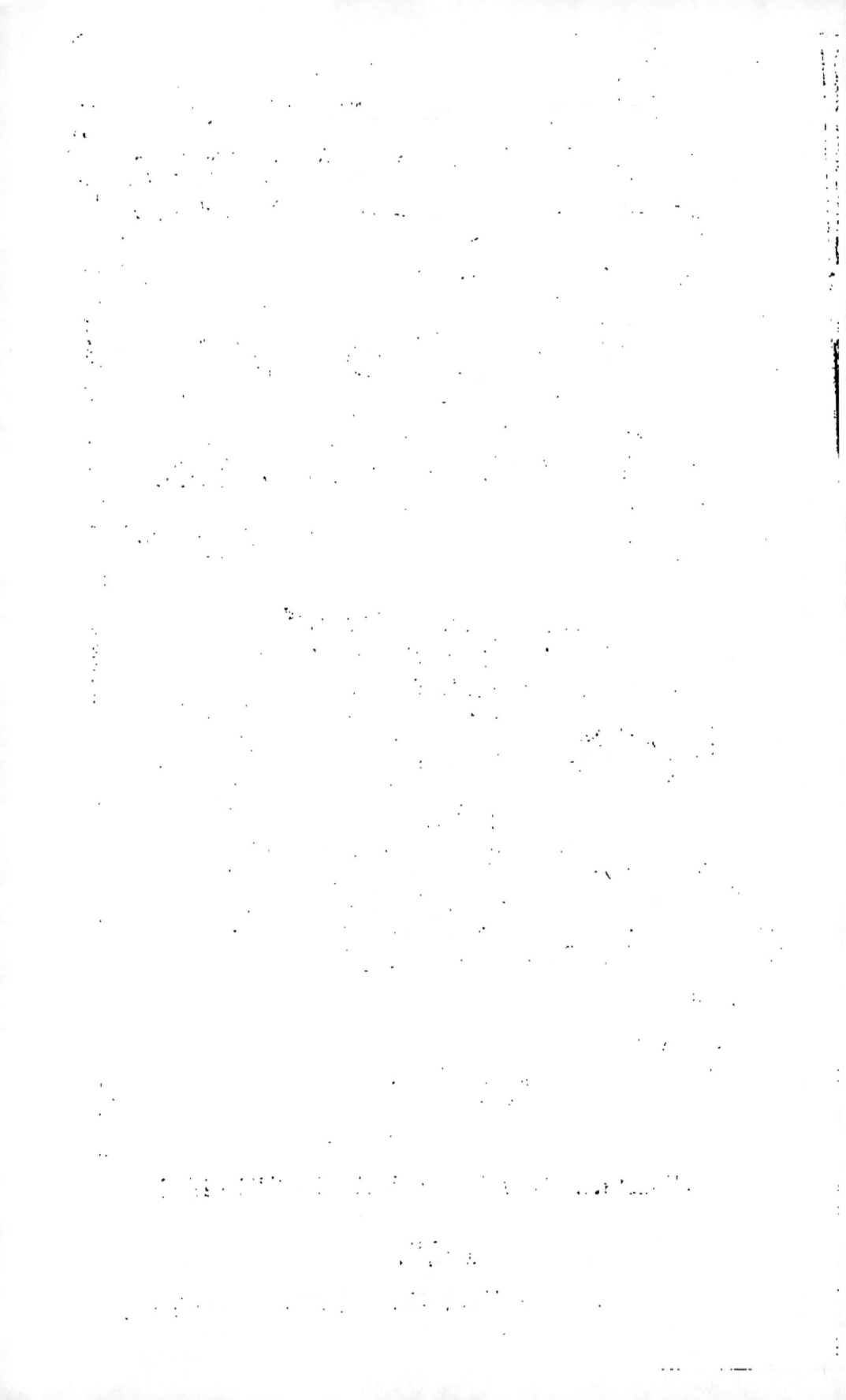

SYLLABAIRE

A L'USAGE

DES ÉCOLES DE LA DOCTRINE CHRÉTIENNE.

1er EXERCICE.

Formation des lettres, expliquée par la maîtresse dans l'ordre suivant.

o c e a g i u j y v m n

x r l b d p q k h f t s z.

2e EXERCICE.

Voyelles.

eu   i grec

a e i o u y.

Consonnes.

b c d f g h j k l m n

p q r s t v x z.

3e EXERCICE.

Accents, tréma, cédille, apostrophe.

aigu   grave   circonflexe   tréma   apostrophe   cédille

4ᵉ EXERCICE.

Sortes d'e.

eu	é	ai	aî
e	é	è	ê
é	e	ê	è

5ᵉ EXERCICE.

Voyelles longues.

aa	èè	ii	oo	uu
â	ê	î	ô	û
î	ô	â	û	ê

Autres voyelles accentuées ou surmontées du tréma.

à é è ë ï ù ü

ê ù ï â é ë ô à û ü è î

6ᵉ EXERCICE.

Consonnes à prononciation invariable.

b ç d f j k l m n p q r v z

Consonnes à prononciation variable.

c t g h s x

Alphabet.

7e EXERCICE.

a b c d e f g h i j k l m n o
p q r s t u v x y z

a à â b c ç d e é è ê ë f g h i
î ï j k l m n o ô p q r s t u
ù û ü v x y z

8e EXERCICE.

a b c d e f g h i j k l m n o
p q r s t u v x y z

9e EXERCICE.

A B C D E F G H I
J K L M N O P Q R
S T U V X Y Z

10e EXERCICE.

virgule	point virgule	deux points	point
,	;	:	.

point interrogatif	point exclamatif
?	!

11ᵉ EXERCICE.

Voyelle précédée d'une consonne.

A-dè-le, A-de-li-ne, A-na-to-le, a-bî-me, a-mi, â-me, a-ma-bi-li-té.

Ba-si-le, bé-né-di-ci-té, be-sa-ce, bi-se, bo-bi-ne, bu-se.

Ca-rê-me, Ca-ro-li-ne, Cé-ci-le, ce-ci, ci-vi-li-té, co-lè-re, cô-te, cu-re.

Da-me, De-ni-se, Dé-si-ré, di-vi-ni-té, Do-mi-ni-que, du-re-té.

É-bè-ne, É-lé-o-no-re, É-li-sa, É-mé-ri-te, É-mi-le.

Fa-ci-le, fé-li-ci-té, fê-te, fi-dè-le, fo-ra-ge, fu-gi-ti-ve, fu-ti-le.

Ga-ge, Ge-nè-se, gé-né-ro-si-té, gi-ra-fe, gî-te, Go-a, Gu-za-ra-te.

Ha-bi-tu-de, Hé-lè-ne, hi-la-ri-té, ho-mo-gè-ne, hô-te, hu-ma-ni-té.

I-rè-ne, i-ma-ge, i-so-lé, î-le, i-ta-li-que, I-si-do-re, I-sa-ï.

Ja-va, Jé-rô-me, Ji-pi-ja-pa, jo-li, Jo-su-é, ju-ge, Ju-da, ju-ju-be.

Ka-ra-bé, ké-ri-ty, ki, ko-na-ke.

La-vu-re, Lé-o-ca-de, le-vu-re,
Li-du-vi-ne, lo ca-li-té, Lu-ce, ly-re.

Ma-xi-me, mè-re, me-na-ce, mi-di,
Mo-ni-que, mu-ni-ci-pa-li-té.

Na-ti-vi-té, Na-ni-ne, né-ga-ti-ve,
na-tu-re, Ni-co-le, no-ce, nu-mé-ro.

O-né-si-me, o-li-ve, o-ra-ge, o-de.

Pa-cô-me, pâ-le, pa-pa, pe-lo-te,
pè-le-ri-na-ge, pi-ra-te, po-li-ce, pu-re.

Qua-li-té, qua-si-mo-do, que,
quê-te, qui, pi-qû-re, quo-ti-té.

Ra-ve, Re-né, re-li-que, rê-ne,
ri-me, ri-gi-di-té, Ro-me, Ro-se, ru-se.

Sa-lo-mé, sé-cu-ri-té, sé-vé-ri-té,
Si-ci-le, so-li-tu-de, Su-se.

Ta-pa-ge, tê-te, te-na-ce, té-na-ci-
té, Ti-te, ti-sa-ne, To-lè-de, tu-li-pe.

U-ni-té, u-ni-que, u-na-ni-mi-té, u-
sa-ge, u-ne, u-su-re, u-si-ne, u-ti-le.

Va-lè-re, Vé-ro-ni-que, Ve-ni-se,
vi-gi-le, vo-lu-me, vo-lu-bi-li-té, vu.

Xa-la-pa, Xé-na-re, Xi-mè-ne,
Xi-co, Xi-re, Xo-ri-de, xu

Za-mo-ra, Za-ï-re, Zé-na-ï-de, Zé-no-bé, zi-ca-vo, Zo-zi-me, zu-a-ni.

Voyelle suivie d'une consonne qui se prononce.

Ab-so-lu, Na-dab, ac-te, ad-mi-se, al-co-ve, cap, ar-me, as, ât-ma, gaz.

Ca-leb, O-bed, a-vec, Ed gar, O-reb, se-mel-le, sel, A-lep, fer, es-ca-bel-le, det-te.

Sib, pic, Da-vid, if, fil, fi-nir, lis, rit, dé-sir, six.

Ob-jec-tif, oc-ta-ve, A-od, a-of, sol, coq, or, Sa-mos, dot.

Sub-til, ca-duc, suc, sud, tuf, nul, sur, mur, ur-ne, jus-te, but.

Deux consonnes équivalant à une consonne.

Cha-ri-té, chê-ne, che-val, ché-rir, cho-se, chi-mè-re, chu-te.

Pha-re, phé-no-mè-ne, phi-lo-so-phe, pho-que, Phul, Pu-ti-phar, phy-si-que, scè-ne, sci-a-ge, Scy-the.

Tha-bor, Thar-si-le, thé, thè-me,

Thi-bé-ry, Tho-ne, thu-ri-fè-re, thyr-se, thé o-lo-gal.

I-gna-ce, Char-le-ma-gne, ma-gni-fi-que, i-gno-ré, ro-gnu-re.

14ᵉ EXERCICE.

Deux ou trois consonnes se pronon-çant toutes.

Ta-ble, so-bre, cer-cle, na-cre, ca-dre, nè-fle, frè-re, rè-gle, nè-gre, pla-ce, pro-pre, sbi-re, scar-la-ti-ne, sco-las-ti-que, Scu-ta-ri, Sla-ve, spec-ta-cle, stè-re, a-tlas, scri-be, li-vre, phra-se, phré-né-ti-que, scru-pu-le, sphè-re, sphy-rè-ne, splé-né-ti-que, stra-ta-gè-me, stro-phe, struc-tu-re.

Arc, mars, tact, cerf, sud-est, cor-rect, fisc, Turc, busc.

15ᵉ EXERCICE.

Voyelles nasales simples.

I. Am, em, an, en, in, im, on, om, un.

Am-bu-lan-ce, em-bel-lis-se-ment,

An-gle-ter-re, An-ge, en-cre, im-
per-ti-nem-ment, in-com-pré-hen-
si-ble, on-guent, Om-bé-li-ne,
om-bre, bâ-ton, blan-che, Ca-ïn,
cam-phre, cin-quan-te, den-tel-
le, gan-se, gen-dre, Guim-gamp,
Hen-ri, lan-gue, len-te, ma-man,
men-the, Nan-cy, Nan-kin, non-cha-
lan-ce, pan-thé-on, pen-te-cô-te,
ponc-tu-el, prin-ci-pal, pro-nom,
qua-ran-te, quin-ze, ram-pe, ran-
çon, rem-bru-nir, ren-fon-ce-
ment, rom-pre, san-guin, scan-da-
le, scru-tin, sem-blant, sen-ti-
men-tal, som-nam-bu-le, somp-
tu-o-si-té, splen-di-de, syn-ta-xe,
tem-ple, ten-dan-ce, tom-be,
trans-pa-rent, un, ur-gent, ven-
dan-ge, vin, e-xem-ple, Zan-gue-
bar, zinc.

16e EXERCICE.

Consonnes finales ne se prononçant pas.

[*b, c.*]Plomb, ta-bac, franc, es-to-
mac, jonc, clerc, blanc.

[*d.*] Ac-cord, bord, blond, fond, lard, gond, quand, nid, rond.

[*f, g.*] Nerf, long, rang, sang, ha-reng.

[*l.*] Ba-ril, fusil, gen-til, ou-til, gril.

[*p, s, nt.*] Bras, corps, dans, drap, gens, jus, pa-ra-dis, pas, pro-cès, suc-cès, ta-pis, ils pen-sent, ils chan-tent, ils comp-tent, ils di-sent, ils ra-con-tent, ils i-gno-rent, ils ré-pon-dent, ils ca-chent, ils in-vi-tent, ils ren-ver-sent. Les, mes, tes, des, ces. Des per-son-nes, les ce-ri-ses, tes li-vres.

[*r.*] Ba-lan-cer, ca-cher, don-ner, ex-hor-ter, for-mer, ga-gner, hé-si-ter, in-spi-rer, je-ter, la-ver, mon-trer.

[*t.*] Ac-quit, dé-lit, et, ef-fet, fat, gi-let, lit, lent, art, bât, part, quart, rat, rôt, vert, forêt.

[*z.*] O-bé-is-sez, pri-ez, re-li-sez, sa-chez, tâ-chez, te-nez, ve-nez.

17ᵉ EXERCICE.

L'É-ter-nel est un bon pè-re; je l'a-do-re. Jé-sus, son fils u-ni-

que est le Mes-sie; il a pris no-
tre na-tu-re, l'a u-nie à sa di-
vi-ni-té, en u-ne per-son-ne, et
il est de-ve-nu no-tre frè-re et
no-tre a-mi.

Il na-quit dans la vil-le de Da-vid;
à l'ins-tant un an-ge, en-vi-ron-né
d'u-ne gran-de clar-té, ap-pa-rut
à des ber-gers, et dit: Al-lez à l'é-ta-
ble, près de la vil-le, a-do-rer le pe-tit
Jé-sus; les ber-gers se hâ-tè-rent
d'y al-ler et d'of-frir des a-gne-lets
à ce bel en-fant et à sa bon-ne mè-
re. Le pe-tit Jé-sus, en gran-
dis-sant, s'est mon-tré de plus en
plus do-ci-le et sa-ge, fi-dè-le à la
pri-è-re et as-si-du à l'of-fi-ce di-
vin dans le tem-ple de Jé-ru-sa-lem.
Il est le mo-dè-le et le sa-lut des pe-
tits et des grands.

O di-vin Jé-sus, re-ce-vez ma
pri-è-re, et don-nez à mon à-me
la do-ci-li-té et l'a-ma-bi-li-té.

Vo-tre en-fan-ce est le mo-dè-le des pe-tits en-fants, vo-tre bon-té les bé-nit et les at-ti-re, les pré-serve du mal et les por-te à la ver-tu.

Le ma-tin, en me le-vant, je mets ma ro-be; je me re-com-man-de à Jé-sus, à Ma-rie, sa mè-re et la nô-tre, en-co-re à mon bon an-ge, a-fin de de-ve-nir sa-ge et de ne pas of-fen-ser le pè-re cé-les-te. Je ré-ci-te mes pri-è-res a-vec ma bon-ne ma-man, et je dis : O Pè-re é-ter-nel, vo-tre di-vi-ne vo-lon-té a ti-ré du né-ant la ter-re a-vec sa pa-ru-re et le fir-ma-ment a-vec sa clar-té et ses nu-a-ges, et vo-tre a-do-ra-ble pa-role, par u-ne bon-té su-prê-me, a cré-é mon â-me à vo-tre i-ma-ge et à vo-tre res-sem-blan-ce. O bon pè-re, bé-nis-sez-la, pro-té-gez-la, car el-le a-do-re vo-tre ma-jes-té : con-ser-vez-la dans l'in-no-cen-ce.

Histoire de la très-sainte Vierge.

Ma–rie, mè–re de Jé–sus, fil–le de la tri–bu de Ju–da et de la pos–té–ri–té de Da–vid, est na–ti–ve de Na–sa–reth, pe–ti–te vil–le du Li–ban en Ga–li–lée. El–le fut dès son en–fan–ce é–le–vée dans le tem–ple de Jé–ru–sa–lem. Sa ver–tu la ren–dit le mo–dè–le de ses com–pa–gnes. Sa tê–te, lé–gè–re–ment in–cli–née; sa fi–gu–re, fort pro–pre; sa mi–ne ri–an–te, et can–di–de; ses ha–bits, con–ve–na–ble–ment ar–ran–gés; sa dé–mar–che, tran–quil–le, sans lé–gè–re–té et sans pa–res–se; son o–bé–is–san–ce, mo–des–te et di–li–gen–te fi–rent d'el–le dans son en–fan–ce, com–me du–rant sa vie, u–ne per–son–ne ad–mi–ra–ble, el–le fut un an–ge com–blée des grâ–ces de la di–vi–ni–té.

Prière à Marie.

O Ma–rie, ma ten–dre mè–re, sa–lut! Vo–tre bon–té est mon es–pé–

ran-ce et vo-tre gé-né-ro-si-té est mon a-si-le: En-fant d'E-ve e-xi-lée sur cet-te ter-re de lar-mes, j'im-plo-re vo-tre as-sis-tan-ce: O ma bon-ne a-vo-ca-te, je-tez sur vo-tre pu-pil-le un re-gard ma-ter-nel, et pré-sen-tez-la à vo-tre di-vin fils Jé-sus.

Devoirs des enfants.

Je vé-nè-re mon bon an-ge, car il est mon a-mi. J'o-bé-is à mes pa-rents et l'o-bé-is-san-ce est très-a-gré-a-ble à un en-fant sa-ge. Je dis la vé-ri-té a-vec u-ne gran-de sin-cé-ri-té et je dé-tes-te le men-son-ge; je ne bats pas mes frè-res ni mes ca-ma-ra-des, et je ne dis d'in-ju-res à per-son-ne : je ne vo-le pas la plus pe-ti-te ba-ga-tel-le, mê-me en fri-an-di-se.

En en-trant à l'é-co-le, je gar-de le si-len-ce, je ne par-le pas à mes com-pa-gnes quand ce-la est dé-fen-du. Pen-dant les le-çons, j'apprends mes let–tres, mes pri–è–res, la po–li–tes–se et la sa–ges–se. Je res–te à ma pla–ce ; je ne ren–ver–se pas les bancs ; je con–ser–ve mon li–vre, je me gar–de prin–ci–pa–le–ment de le mor–dre, de le su–cer et de le dé–chi–rer. Si u–ne de mes com–pa–gnes me rend un ser–vi–ce, je dis à cet–te bon–ne a–mie : mer–ci, *N...*, ce bon of–fi–ce re–ce–vra sa ré–com–pen–se. Si on me mon–tre que j'a–gis mal, je re–mer–cie en–co–re la bel–le â–me qui m'a–ver–tit, et je me cor–ri–ge le plus tôt pos–si–ble ; en ef–fet nul–le per–son–ne ne m'est plus a–gré–a–ble que cel–le qui me for–me à la ver–tu. Je rends de mê–me ser–vi–ce à mes ca–ma–ra–des, lors–que ce–la est con–ve–na–ble. Com–me la po–li–tes–se est u–ne ver–tu qui em–bel–lit l'en–fan–ce, l'a–do–les–cen–ce et l'â–ge mur, el–le est ma pa–ru–re fa–vo–ri–te : mon

vi-sa-ge se-ra pro-pre et af-fa-ble,
il ne se-ra pas har-di, ni ru-de, ni
co-lé-re, ni tris-te : en de-man-dant
ce que je dé-si-re, en ré-pon-
dant à ce que l'on me di-ra, la ci-
vi-li-té po-se-ra sur mes lè-vres ses
plus bel-les pa-ro-les, et me don-
ne-ra ses grâ-ces et sa na-ï-ve-té.

18e EXERCICE.

*Voyelles composées de deux et trois
voyelles pour former une syllabe.*

e è   ô éu ou   é   eu
ai ei ie au eau eu ou ûe ée oûe oeû

Ai-le, bain, Cai-re, chai-se, Dou-ai,
é-tain, faim, grai-ne, hai-ne, ja-mais,
Kai-mac, lai-ne, mai-son, Ma-rie, meil-
leur, nœud, œuf, or-gueil, pair, quai,
queue, raie, so-leil, vœu, vrai-sem-
bla-ble, za-gaie, di-zain. Au-gus-
tin, a-gneau, beau-coup, bœuf, can-
deur, cœur, cou-ron-né, dou-ceur,
dé-dai-gneu-se, Eu-phé-mie, feuil-
le, four-neau, guê-pe, gué-ri-don,
gueu-le, gui-de, gout-té, goût,

in-cen-die, jeu, Jour-dain, lai-
tue, mai-son, meu-le, Neus-trie,
pain, pei-gne, pie, quin-zai-ne, rei-
ne, Saint, Sei-gneur, tein-tu-re,
Toul, veil-le, vainqueur, vie.

Diphthongues, ou plusieurs sons en une
émission de voix.

ia ié iê io ui oi ion iai ieu oui.

Ai-guil-le, a-mia-ble, a-mi-tié,
ac-tion, am-bi-tieux, bien, biais,
buis, ciel, cieux, cuil-lè-re, Dieu,
dia-pha-ne, E-lié-zer, é-toi-le, fiè-
vre, fiel, fio-le, Gié-zi, hier, hié-
rar-chie, in-ten-tion, im-pa-tien-ce,
joy-eux, Kiel, lui-sant, lieue, lion,
mois, moi-neau, miel, niai-se,
niè-ce, oi-seau, oie, oui, pied, pié-
té, pi-tié, quié-tu-de, quoi, rien,
ré-dac-tion, ré-u-nion, Sion, sou-tien,
sia-moi-se, siè-cle, thia-re, Thié-
baut, Thiau-court, tri-viaux, tui-
le, u-nion, u-sur-pa-tion, vio-let-te,
vieil-lard, vieux, voi-le, vieil-le.

NANCY, IMPRIMERIE DE RAYBOIS ET Cie.

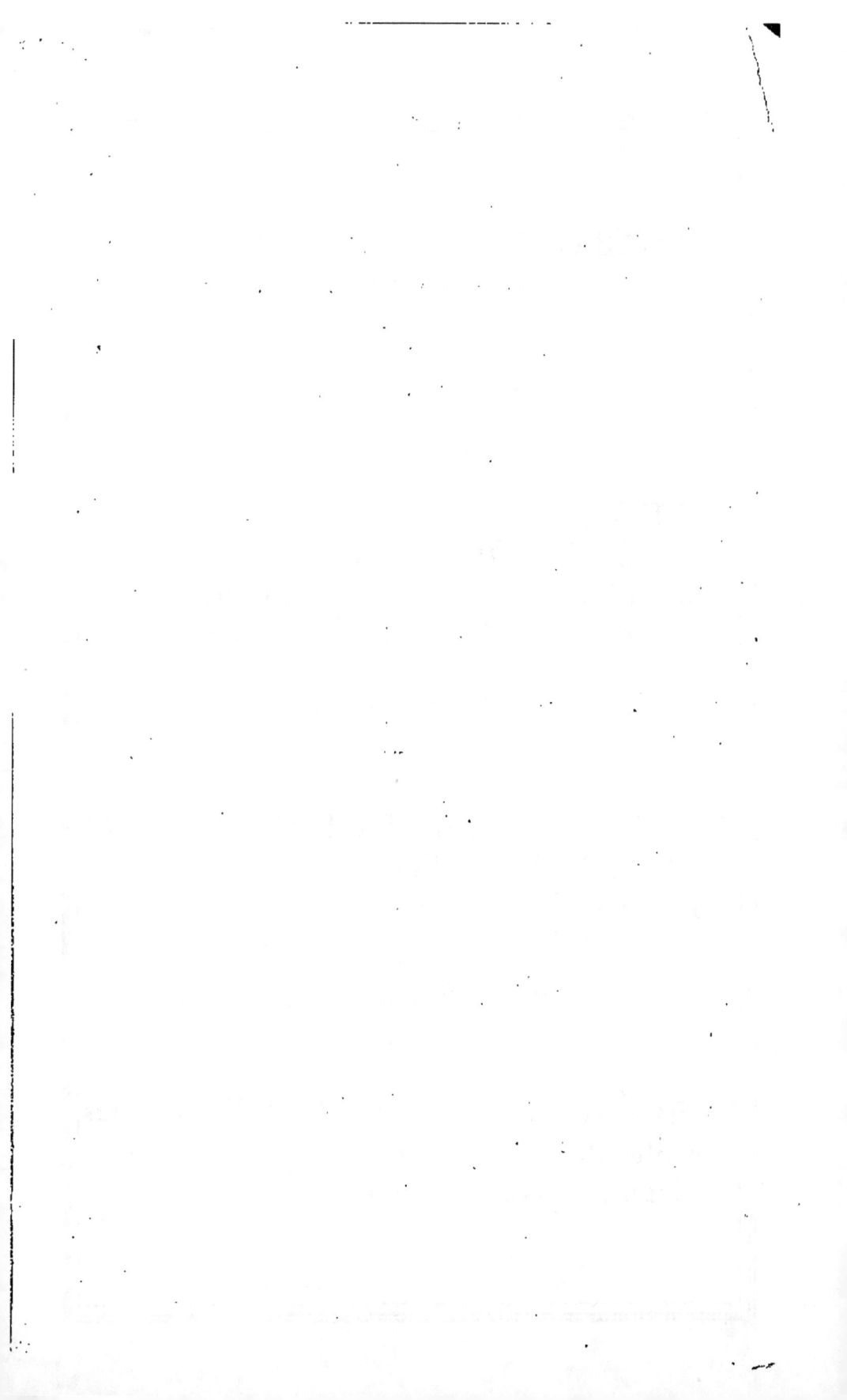

SYLLABAIRE à l'usage des écoles de la Doctrine Chrétienne.

—

Prix : 5 centimes.

——

ABRÉGÉ DES DEUX PREMIERS AGES DE L'HISTOIRE SAINTE, renfermant ce qu'on explique aux enfants des petites classes de la Doctrine Chrétienne.

—

Prix : 10 centimes.

——

LECTURES SUR L'OUVRAGE DES SIX JOURS, à l'usage des écoles de la Doctrine Chrétienne.

—

Prix : 15 centimes.

——

TABLEAUX DE LECTURE à l'usage des écoles de la Doctrine chrétienne (trois tableaux) prix : 3o cent.

www.ingramcontent.com/pod-product-compliance
Lightning Source LLC
Chambersburg PA
CBHW061808040426

42447CB00011B/2546